Lb 1347.

SOCIÉTÉ DES AMIS DU PEUPLE.

PROCÈS

SOUTENU, AU NOM DE CETTE SOCIÉTÉ,

PAR

GAUSSURON-DESPRÉAUX ET A. BEAUMONT.

PRIX : 60 CENT.

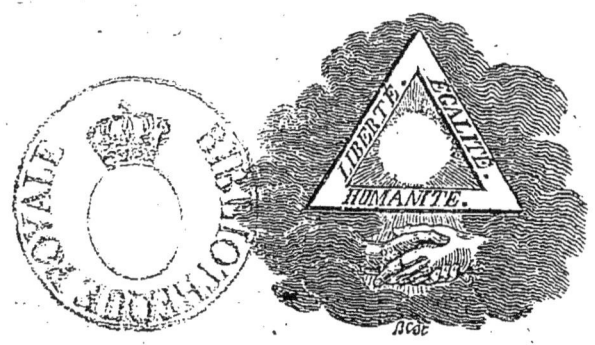

PARIS,

CHEZ
{ Rouanet, libraire, rue Verdelet, n° 6;
Prévost, rue de Vaugirard, n° 22;
Levavasseur, au Palais-Royal;
Et tous les marchands de nouveautés.

Juillet. 1832.

AVANT-PROPOS.

Voici un procès dont le compte-rendu ne serait déjà plus de mise, si n'ambitionnant que d'amuser les niais et les oisifs, les deux prévenus avaient rapetissé leur défense à la taille de cette opposition chicanière, née du régime représentatif des classes moyennes, opposition toute en lieux communs, en clinquant d'esprit, en métaphysique parlementaire ou en injures; opposition dans laquelle rien n'est posé, rien arrêté, rien défini; opposition qui n'a vie et valeur que par l'actualité; qui abat en détail sans rien fonder pour l'avenir; véritable guerre d'iconoclastes où l'on trouve des phalanges de démolisseurs et pas un architecte. Les prévenus ont senti que tout autre était leur tâche. Républicains, et se disant hautement tels; ayant à s'expliquer devant le jury au nom d'une association républicaine, ils ont senti que tout ne se résumait pas pour eux à la purger d'un mesquin délit de la presse (1); ils ont senti que plus haut frappait l'accusation qui les envoyait sur les bancs des tribunaux, et que dans leur procès, comme dans tous ceux qu'avait eu à soutenir la *Société des Amis du Peuple*, il s'agissait bien moins de

---

(1) Le procès dont nous rendons compte en ce moment ne fut évidemment, dans l'intention de messieurs les gens du roi, qu'une entrave de plus au développement des idées démocratiques, développement auquel s'était collectivement vouée, dès son origine, la Société des Amis du Peuple. Toutefois il fallait un prétexte, et ce prétexte fut trouvé dans un article sur la destruction de la Pologne, que publia la Société dans sa neuvième brochure. Les exemplaires ne furent pas plutôt saisis, que le parquet parut reconnaître tout l'odieux et tout le danger de sa poursuite. Un procès pour avoir déploré la chute de Varsovie, pour avoir hautement inculpé la conduite du cabinet de France, et cela, quand les cendres de Varsovie fumaient encore; quand l'écho des rues de Paris faisait entendre encore au pouvoir les brutales accusations formulées par la dernière émeute! Qu'arriva-t-il? c'est qu'on s'efforça de n'instruire l'affaire que le plus tard et avec le moins d'éclat possible, et c'est ce qui explique pourquoi, contrairement aux précédens adoptés dans le PROCÈS DES QUINZE, deux membres de l'ex-comité de rédaction de la Société des Amis du Peuple ont été seuls mis en cause, l'un comme publicateur prétendu, et l'autre, sur sa propre déclaration, comme rédacteur de l'article incriminé. C'est ce qui explique encore, jusqu'à un certain point, comment, dans un procès jugé huit mois après l'événement qui l'avait produit, les accusés n'ont dû faire de ces événemens que la partie secondaire de leur défense.

conquérir un acquittement pour tel ou tel grief, que de présenter sous leur vrai jour des principes calomniés et tacitement poursuivis, de les faire aimer, de les défendre; et, ces choses considérées, ils ont laissé à qui de droit les argumentations de parquet, et se sont mis à faire de la propagande dans l'auditoire.

Et maintenant qu'une juridiction extra-légale étouffe l'émission de toute pensée indépendante ; maintenant que tout ce qui portait un cœur démocratique tombe entassé dans les geôles de la police, ou se tait pour ne pas se dénoncer soi-même aux pourvoyeurs des conseils de guerre (1); maintenant que, craignant tout pour elle même, la presse s'occupe bien moins de redonner l'essor à l'opinion qu'à se débattre avec le pouvoir sur l'emploi *plus ou moins légal* de ce que celui-ci appelle sa victoire; les patriotes qui publient cette brochure croient devoir, de concert avec les prévenus, profiter du bénéfice de la chose déjà jugée et du sauf-conduit que leur confèrent des débats ayant eu lieu en toute publicité de cour d'assises, pour faire entendre encore du fond de leur prison quelques grandes vérités sociales (2).

C'est ainsi qu'à côté des apôtres de la place publique, dont la conviction forte fait des héros ou des martyrs, et dont le sang versé féconde les destinées de ceux qui leur survivent, nos jours désastreux contre-révolutionnaires auront enfanté l'apostolat des cachots et de la sellette; celui qui se retrempe sous les verroux, s'enflamme par les persécutions, et trouve de nouvelles forces dans les tortures de l'isolement et des privations, où viennent succomber les demi-croyances. Les prévenus l'ont dit (voyez page 28), et tous leurs amis politiques l'avaient dit avant eux : « Il n'est ni condamnations ni violences qui puissent comprimer nos paroles au fond de nos poitrines ; ni la prison, ni les bannissemens, ni les supplices ne refouleront dans nos cœurs la plus noble mission qu'il soit donné d'exercer d'homme à homme. Libres ou dans les fers, attachés sous le joug ou investis de la plénitude de nos droits, partout et toujours nous appartiendrons au peuple, nous l'aiderons de nos voix ou de

---

(1) il est inutile de dire que ces lignes se rapportent au temps de la mise en état de siége, pendant lequel ont eu lieu la rédaction et l'impression de cette brochure.

(2) Le 1ᵉʳ juin dernier, 32 membres de la Société des Amis du Peuple ont été arrêtés rue Saint André-des-Arts, n° 20, où était le lieu provisoire de leurs séances; parmi eux se trouvaient les prévenus. C'est ainsi que la police a trouvé moyen de réintégrer sous le giron du procureur du roi ceux que, huit jours auparavant, un verdict d'acquittement du jury avait arrachés à son infatigable sollicitude.

nos bras, et, quelle que soit la loi qu'on lui impose, nous ne releverons, nous, que de notre foi vive en l'avenir et de notre ardent amour pour l'humanité. »

Les hommes qui se sont engagés par de telles promesses savaient bien que, pour les remplir, les occasions ne leur feraient pas faute ; ils sont contens qu'on les ait sitôt mis à même de se montrer gens de parole.

Déjà, comme si voulaient se réaliser leurs croyances en un meilleur destin, voilà que des circonstances inespérées viennent renforcer leur courage et rendre moins éventuel le résultat de leurs efforts : à l'instant même où ils écrivent ces pages, leur solitude a tout-à-coup retenti d'accens d'espoir et de joie ; on leur apprend que la justice du pays revendique sa tâche et s'apprête à troubler, dans leurs sanglantes jubilations, les triomphateurs du jour. Espère, ô France! ô patrie! auprès de l'horizon qui te doit luire, ce n'est encore là qu'une bien timide aurore! Bientôt tes grandes destinées se réveilleront, elles briseront ce ciel d'airain qui pèse sur la plus sainte des causes ; bientôt chacun rendra ses comptes ; chacun aura ses vrais juges, et les apôtres du peuple aussi auront leurs triomphes ; leurs triomphes qui ne se soutiennent ni par la délation armée, ni par le mensonge ; leurs triomphes qui ne réclament ni croix, ni dilapidations, ni places : ils ne pensent pas que leurs persécuteurs d'aujourd'hui les leur disputent.

COUR D'ASSISES

DE LA SEINE.

AUDIENCE DU 22 MAI 1832.

M. AGIER, Président. — MM. CHEVALIER-LEMORE et NAUDIN, Conseillers. — M. PARTARRIEU-LAFOSSE, soutenant l'accusation au nom du roi.

Prévenus : GAUSSURON-DESPRÉAUX et *Arthur* BEAUMONT, *membres de la Société des Amis du peuple.*

Mᵉ BETHMONT, *défenseur des prévenus.*

Depuis plusieurs mois une affluence aussi considérable n'avait encombré les portes des assises. Répondant à la sympathie qui l'appelle à toutes les causes où il espère entendre la parole républicaine, le peuple assiége de bonne heure toutes les issues. La nuée des sergens de ville est debout aussi comme aux grands jours. Une compagnie de municipaux, distribuée dans les couloirs, barre le passage à quiconque n'exhibe pas un passe-port d'accusé, une cédule à témoin, ou une contremarque de mouchard. Les bancs du barreau sont pleins ; les places des témoins et l'enceinte du prétoire sont occupées par des membres de la Société des Amis du Peuple, et grand nombre de Polonais, parmi lesquels on distingue Lelewel, Gurowski, etc.

Au moment où les deux prévenus s'apprêtent à passer dans la salle du jury pour assister à sa formation, on annonce que la cour va entrer en séance. Les prévenus et l'auditoire s'étonnent qu'on ouvre des débats sans que la liste des jurés soit faite, sans qu'ils aient prêté serment. Au milieu des conversations à demi-voix, qu'excite cette singularité, un greffier lit l'acte d'accusation.

M. PARTARRIEU-LAFOSSE prend la parole. Après un court exposé de ce qui s'est passé à l'audience du 24 février, de l'arrêt rendu par défaut contre les prévenus le 26 mars, de l'opposition formée par eux, il annonce qu'il ne s'oppose pas à ce que le prévenu Beaumont soit admis à se défendre devant le jury.

BEAUMONT. C'est fort heureux.

M. PARTARRIEU-LAFOSSE. A l'égard de Gaussuron-Despréaux, je dois m'opposer à ce que sa cause soit entendue, et je demande qu'il plaise à la cour de maintenir purement et simplement l'arrêt par défaut qui le condamne à *un an de prison et 500 fr. d'amende.* (Profonde surprise dans l'auditoire ;

exclamations de la part des prévenus.) M. l'Avocat du Roi motive ses conclusions sur le mode de procédure suivi dans cette affaire. Le délai, dit-il, pour se pourvoir était différent pour l'un et pour l'autre des accusés. Le prévenu Beaumont, traduit aux assises en vertu d'arrêt de renvoi de la chambre d'accusation, et par application de la loi du 26 mars 1819, avait dix jours pour former son opposition, tandis que le prévenu Gaussuron-Despréaux, assigné *directement* devant les assises et sans préalable arrêt de renvoi, aux termes de la loi du 8 avril 1831, n'avait, d'après cette loi, que cinq jours pour former son opposition. Par quoi, dit l'Avocat-Royal, Gaussuron-Despréaux est aujourd'hui non recevable et doit subir la peine qui lui a été appliquée, sans être admis au bénéfice du débat.

GAUSSURON-DESPRÉAUX. Messieurs, au moment où je croyais toucher au sanctuaire de la justice, je m'étonne, je l'avoue, d'être arrêté sur le seuil par la subtilité de palais qu'on nous oppose. Que me veut-on encore? ne sortirai-je pas du dédale des procédures? Il me semble, cependant, avoir satisfait à toutes leurs exigences. Le 17 avril, l'arrêt par défaut est notifié à moi et à Beaumont. Le 19, nous nous présentons à la chambre des huissiers; nous chargeons le sieur Lebaigue, l'un deux, de notifier notre opposition dans le délai du cinquième jour. L'huissier soutient que nous nous trompons, et prétend que nous en avons dix. Nous insistons. Il nous montre les articles 18 et 19 de la loi de 1819, nous écrit de sa main la note que voilà, et ne dresse effectivement son acte que le huitième jour. Voilà les faits. S'il y a erreur, je n'en peux mais; qu'on s'en prenne à qui a fait la faute, et qu'on cesse enfin de nous traîner dans les formes, comme on le fait depuis six mois, pour aborder le fond. Messieurs, lorsque obéissant à un devoir de justice et de conscience, j'ai réclamé moi-même ma mise en cause, j'ai dû compter, non pas avoir à chicaner sur des arguties, mais avoir à me défendre devant un jury. J'y compte encore, car quelque idée que j'aie de la pudeur des cours d'assises, quelle que soit notre indifférence connue pour les pénalités qu'on peut nous appliquer, je pense qu'on y regarderait à deux fois avant de profiter d'une erreur de formalité commise par un huissier, pour faire subir à un citoyen une année d'emprisonnement sans l'avoir jugé.

M. LEBAIGUE, huissier audiencier, entendu par ordre du président et en vertu du pouvoir discrétionnaire, confirme par sa déposition l'exactitude des faits articulés par le prévenu G. Despréaux; quand il a achevé, M. Agier lui adresse une sorte d'admonition sur la nature de ses devoirs.

M. BETHMONT, défenseur des prévenus, développe un système d'observations extrêmement lucide, pour que les deux oppositions des prévenus soient également admises. Il s'appuie sur les moyens de fait et les circonstances de bonne foi. Il soutient que le législateur, en restreignant dans certains cas les délais d'opposition, n'a eu pour but que d'abréger les formalités des débats, ce qui, dans l'espèce, ne peut être admissible, puisque la cour a joint les deux causes. Que de cette jonction résulte une position identique pour les prévenus, qu'enfin, aux termes même de la loi de 1831, il n'y a prescription à peine de nullité que pour la présentation de la requête dans le délai du *cinquième jour* après celle de l'opposition, formalité à laquelle M. Gaussuron Despréaux n'a pas manqué. Il persiste pour que le débat s'ouvre immédiatement sur les deux causes réunies. Quand un avocat général se trompe, dit M. Bethmont, il ne paie pas de sa personne, il ne va pas en prison, il en est quitte pour perdre sa cause ; tandis qu'un homme qui, par son état, n'est pas obligé d'être jurisconsulte, paierait de la peine énorme d'un an d'emprisonnement l'omission d'une formalité minutieuse. Cela est immoral. Il faut le dire, continue l'avocat, je vois dans l'obstination du ministère public le dessein bien arrêté d'étouffer la solennité du débat par de vaines chicanes, d'empêcher qu'il n'ait lieu. L'on craint d'éveiller certaines sympathies ; on ne veut pas que nous parlions, cela n'est pas de bonne guerre. La cour est installée, les jurés sont présents, il faut que justice se fasse.

BEAUMONT. Pour moi, mon parti est pris : je le déclare d'avance, si l'arrêt contre mon collègue est maintenu, je me retire.

M. PANTARNIEU-LAFOSSE réplique contre M. Bethmont, et s'efforce de détruire ses argumens. Avec une ténacité qui n'a pas d'exemple, il insiste pour que le débat n'ait pas lieu. Dans ce que le principal accusé a pris un huissier pour un légiste, il trouve des motifs plus que suffisans pour le faire condamner.

La cour se retire pour délibérer. Pendant la suspension de l'audience, des groupes animés se forment dans toutes les parties de la salle. On remarque le prévenu Gaussuron-Despréaux s'avançant vers le fauteuil de l'avocat du roi, et échangeant avec lui des interpellations très vives. « Oui, Monsieur, lui dit-il, on croirait qu'il y a, ici, de votre part, haine, animosité particulière ; qu'un intérêt que je ne puis définir vous pousse à me faire emprisonner sans l'intervention du jury. Votre insistance semblerait dire que vous y trouvez quelqu'avantage. Il est vrai que, de cette sorte, votre procès est tout de suite gagné, et que cela vous dispense de plaider contre moi *au fond*. Mais savez-vous aussi qu'on peut, sans être très mauvaise tête, ne pas se tenir lié par un jugement obtenu par de tels moyens ? » — Plusieurs jurés s'approchent et écoutent avec attention.

La cour rentre au bout d'une heure et rend l'arrêt suivant :

« Considérant que si les causes de Beaumont et de Gaussuron-Despréaux ont été jointes quant aux faits imputés également à l'un et à l'autre, les procédures suivies contre chacun d'eux n'ont pas cessé d'être distinctes ; »

« Mais considérant qu'en fait il est résulté de la déclaration de Lebaigue, huissier audiencier près la Cour, entendu en vertu du pouvoir discrétionnaire, que Gaussuron-Despréaux s'est présenté au bureau des huissiers pour y faire son opposition à l'arrêt par défaut rendu contre lui, avant l'expiration du délai de cinq jours, et que ce ne serait que sur l'assurance donnée par cet huissier verbalement, qu'il avait dix jours pour faire son opposition, qu'il s'est retiré sans l'avoir faite ; »

« Considérant que ce fait établit, de la part de Gaussuron-Despréaux, une erreur de bonne foi ; »

« Considérant que cette bonne foi résulte encore de la requête présentée par ledit Gaussuron-Despréaux ; »

« Considérant que la défense est de droit naturel et sacré, et qu'il ne peut avoir été dans l'intention du législateur de restreindre ce droit que dans le cas où la loi aurait été méconnue ou violée avec connaissance de cause ; »

« La Cour reçoit Gaussuron-Despréaux opposant à l'arrêt par défaut du 26 mars dernier, et ordonne qu'il sera passé outre aux débats. »

Cet incident vidé, on procède à la formation du jury. Il est midi lorsque l'audience est reprise. Les douze jurés désignés par le sort prêtent serment.

Gaussuron-Despréaux. Avant que les débats s'engagent, j'invite M. le Président à faire que la publicité que réclame cette cause soit pleine et entière. Je vois encore bien des places disponibles, puisque quelques-unes sont vides et que les autres sont occupées par des gardes municipaux et des sergens de ville, tandis que plusieurs Polonais, des gardes nationaux, des membres de la *Société des Amis du Peuple* sont à la porte et ne peuvent entrer. Ce procès est bien moins le mien que le leur. Ils doivent y assister.

M. Agier. Des raisons de salubrité publique s'opposent à ce qu'on introduise un plus grand nombre de personnes. La santé de la cour et du jury pourrait être compromise.

Gaussuron. Elle peut l'être tout de même par l'encombrement des sergens de ville. D'ailleurs le prétexte du choléra, dont on s'est servi depuis quelque temps pour isoler toutes les causes politiques, est maintenant illusoire; et y eût-il encore quelques légers risques à courir, il n'y a aucun de nos amis qui ne consentît à les braver pour entendre ces débats. (*Marques d'assentiment dans l'auditoire.*)

Le Président Agier (*aux sergens de ville*) : Qu'on laisse encore entrer quelques personnes. (*Procédant à l'interrogatoire des accusés, et s'adressant à Beaumont.*) Votre nom ? — R. Arthur-Jacques Beaumont. — D. Votre âge ? — R. 34 ans. — D. Votre profession ? — R. Docteur en médecine. — D. Votre demeure ? — R. Rue Corneille, n. 5. — D. Votre lieu de naissance ? — R. New-York.

Le Président à *Gaussuron-Despréaux* : Votre nom ? — R. Pierre-Stanislas Gaussuron-Despréaux. — D. Votre âge ? — R. 30 ans. — D. Votre profession ? — R. Homme de lettres. — D. Votre demeure ? — R. Rue du Petit-Carreau, n. 54. — D. Votre lieu de naissance ? — R. Toulouse (Haute-Garonne.)

Le greffier donne une seconde lecture de l'acte d'accusation; lit l'arrêt de jonction; et les autres pièces de la procédure.

Le Président. Prévenu Beaumont, vous êtes accusé d'avoir excité à la haine et au mépris du gouvernement du roi, en publiant dans la IXe brochure de la *Société des Amis du Peuple* un article intitulé : la Pologne est morte ; a notre tour ! en acceptez-vous la responsabilité ?

Beaumont. Je l'ai non seulement acceptée mais briguée lorsque j'étais seul en cause. Aujourd'hui, vu le système de défense adopté par la *Société*, il ne m'est permis d'en assumer d'autre que celle qui résulte de ma qualité de membre de cette Société, et de membre de son comité de rédaction. Je ne puis aller plus loin, quelque désir que j'en aie.

Le Président. Prévenu Gaussuron-Despréaux, acceptez-vous la responsabilité de l'article ?

Gaussuron-Despréaux. Dans sa plus large acception comme *rédacteur*. Ainsi que je l'ai dit à l'audience du 25 février, je l'ai écrit par ordre et au nom de la Société des *Amis du Peuple*. J'ai été, sauf la révision de son comité de rédaction dont je faisais partie, le délégué chargé de formuler ses doctrines, ses sympathies, son indignation au sujet de l'assassinat de Varsovie.

Le Président. C'est sans doute pour établir cette délégation de la *Société*, sa coopération morale, que vous avez fait assigner des témoins?

Gaussuron-Despréaux. C'est pour cela et pour autre chose.

Le Président. Ce fait, que tendraient à infirmer leurs dépositions, n'est point contesté; ainsi leur audition est inutile.

Gaussuron-Despréaux. J'opposerai ici les précédens résultant de tous les autres procès de la Société. Il y a, outre le fait de la rédaction, celui de la publication, et toujours nous avons été admis à prouver par l'audition des témoins que cette publication est l'œuvre non pas de tel ou tel d'entre nous, mais de la Société tout entière.

M. Partarrieu Lafosse. Vous êtes particulièrement et spécialement poursuivi comme auteur, publicateur et distributeur de l'article. La culpabilité résulte de votre propre déclaration à l'audience du 24 février. Vous avez vous-même articulé que vous en aviez distribué des exemplaires à quelques amis, et que vous en aviez même déposé chez un libraire. Rétractez-vous cette déclaration?

Gaussuron-Despréaux. Bien loin de là! Mais puisque vous êtes ici pour m'accuser, il est inutile que je le fasse moi-même. Je crois au reste le moment arrivé d'éclairer, sur la responsabilité *matérielle* de notre écrit, la religion du jury, par une explication aussi courte qu'indispensable. Mon ami Beaumont était seul en cause pour un délit prétendu, auquel il n'avait pris part que collectivement avec un grand nombre des membres de la Société. Notre brochure n'étant pas un journal, et ne pouvant admettre la *fiction* d'un gérant, il fallait, pour que justice eût lieu, de deux choses l'une, ou que tous mes collègues fussent admis à répondre de l'article, ou que celui-là seul fût poursuivi qui avait pris, à l'émission de leur pensée, la part la plus directe. Le juge d'instruction et la cour avaient refusé d'établir la première position, il fallut se rejeter sur la seconde. Je parus alors à l'audience, et je dis : « MM. les gens du Roi, voyant que le jury a répondu négativement « sur le fait de publication dans l'affaire des Quinze, ne veulent aujour- « d'hui, afin de frapper à coup sûr, qu'une seule victime; prenez-moi, c'est « moi qui ai rédigé l'article. » A cela, que répond l'avocat-général? Que la loi ne connaît point les rédacteurs, et il me demande si j'ai pris part à la distribution. Je vous en fais juges, Messieurs; on m'ouvrait une voie qui me mettait à même d'accomplir un devoir, devais-je refuser d'y entrer? Non certes, aussi en acceptai-je avec joie toutes les chances. Aujourd'hui, ni le but de la Société, ni le mien n'ont été entièrement remplis, puisque le comité de rédaction n'est pas en cause, et que Beaumont n'est pas renvoyé de la plainte. Je reste, moi, avec la conviction d'avoir accompli un acte d'équité et de morale; ma conscience est satisfaite; mais la *Société* n'en reparaît pas moins avec ses droits, ses antécédens, sa qualité de responsable. Elle vient réclamer, elle veut être entendue, il faut qu'on l'entende; c'est autant sur ce que j'ai dit que sur ce qu'elle articulera elle-même, que le jury doit chercher à former son opinion.

M. Bethmont. Lorsqu'un citoyen a fait une chose bonne et louable, il y a indélicatesse, il y a déloyauté à s'en prévaloir contre lui; c'est cependant ce que fait la cour, en refusant d'entendre les témoins. Si par dégoût de la vie, si pour sauver un ami accusé d'un meurtre, quelqu'un venait et disait : c'est moi qui suis le coupable : c'est moi qui ai commis ce meurtre, devrait-on le condamner sur ce simple aveu? Non, la justice n'en instruirait pas moins l'affaire, et chercherait la vérité dans les faits eux-mêmes. Ce qui est prescrit au criminel doit avoir aussi lieu pour un délit. Il n'y a, dans nos Codes, aucune disposition qui le défende.

M. Partarrieu-Lafosse. J'ai sous les yeux le procès-verbal de l'audience du 24 février. Je dois m'y tenir.

Gaussuron-Despréaux. Au-dessus des procès-verbaux de la justice de convention, il y a les procès-verbaux de la justice naturelle, et celle-là doit prévaloir avant tout. Mais qu'on ne croie pas que je décline ici aucune espèce de responsabilité. La cause que j'ai à défendre est si belle, qu'il n'est personne parmi nous qui, dans la plus grande latitude, ne voulût s'en porter solidaire. Oui, M. l'avocat du roi, puisque vous y tenez, j'ai distribué des exemplaires de la brochure: j'ai donné à quelques amis tous ceux en petit nombre, il est vrai, qui étaient à ma disposition.

M. Partarrieu-Lafosse. Vous l'entendez.

M. Bethmont. Oui, sans doute; mais si c'est la *Société* entière qui publie ses doctrines, celui qui a donné la brochure, et les amis, membres de cette Société, qui l'ont reçue, n'ont fait que ce que feraient des auteurs qui se distribueraient mutuellement leur propre ouvrage.

Le président. C'est un moyen que vous pourrez faire valoir; n'anticipez pas sur la défense.

La Cour, après un délibéré de quelques minutes, décide que, sur les trente et quelques témoins assignés, cinq ou six seulement seront entendus. Le président invite les prévenus à les choisir,

M. Bethmont nomme les citoyens N. Lebon, Berrié-Fontaine et Longepied, membres de la Société, le libraire Rouanet, et MM Lelewel, Gurowski et Pulawski.

Le président. Pourquoi ces Polonais?

M. Bethmont. Ceci est une autre affaire. Nous avons à citer des actes émanés du gouvernement national de Pologne, dans lesquels le gouvernement de Louis-Philippe est hautement accusé : nous citons M. Lelewel, qui a fait partie de ce gouvernement, et M. Gurowski, auteur d'une lettre rapportée par le *Correspondant de Nuremberg*, afin qu'ils stipulent des documens qui leur ont fourni leur accusation.

Le président. Nous ne souffrirons pas que le gouvernement français, pas plus qu'aucun autre, soit traduit ici à la barre. *Nous sommes des magistrats, et non des hommes politiques* (1).

Gaussuron-Despréaux (*tenant le journal* la Tribune.) J'opposerai à M. le président un précédent qui ne date pas de loin : c'est celui de l'affaire Ledieu. La Cour, par arrêt du 18 mai, a permis que des témoins fussent entendus sur les faits mentionnés *dans l'acte d'accusation*; c'est aussi sur de pareils faits, que nous voulons faire entendre les nôtres.

Le président. Je ne prends point pour guide ce qui se fait dans une autre section. (*Mouvemens dans l'assemblée.*)

Gaussuron-Despréaux. Alors, je demande acte du refus de la Cour ; cela vaudra mieux, s'il est possible, que l'audition des Polonais eux-mêmes; car, par ce refus, la Cour accepte, comme authentiques et irrécusables, les faits

---

(1) Le lecteur est prié de tenir note de cette phrase, afin de pouvoir l'opposer à certain passage du *résumé des débats* par le même M. Agier (voyez page 31).

et les documens sur lesquels s'appuient les pièces accusatives que nous produirons.

Les citoyens N. Ledon, Berrié-Fontaine et Longepied sont entendus comme témoins. Ils établissent, comme on l'a déjà fait dans le *Procès des Quinze*, sur le fait de publication et de distribution, que la *Société des Amis du Peuple* ne connaît point de publicateurs ni de distributeurs spéciaux, mais seulement des commis, des *officieux*, chargés par elle de mettre ses écrits dans la circulation ; qu'ainsi, c'est elle qui publie ; que, quant à la neuvième brochure en particulier, il n'y a point eu, grâces aux tracasseries du pouvoir, de publication réelle, et que cette publication eût-elle eu lieu, le prévenu Gaussuron-Despréaux en devrait être, bien moins que tout autre, responsable, attendu que ceux qui fournissaient leur contingent par des articles, étaient, par cela même, dispensés de s'occuper d'autre chose. Les témoins apprécient les motifs qui lui ont fait dire avoir pris part à la distribution, mais ils affirment que, s'il a distribué, ce ne peut être que les trois exemplaires qui lui revenaient comme membre du comité, ce qui n'implique pas le délit de distribution.

Le citoyen Longepied, qui est en habit de garde national, affirme que les préposés à la distribution étaient presque toujours pris, non seulement en dehors du comité de rédaction, mais souvent même en dehors de la *Société*. Il croit pouvoir d'autant mieux assurer ce fait, qu'il n'a jamais fait partie, lui, d'aucun *comité de rédaction*, et qu'il a quelquefois pris part aux distributions.

M. Rouanet, libraire, conçoit comment les prévenus ont pu dire avoir mis la brochure en vente. Quant à moi, dit-il, lorsqu'a été imprimé le numéro poursuivi, mon magasin n'a cessé d'être journellement visité et fureté en tous sens par les agens de police : ils pourront vous dire s'ils en ont trouvé un seul exemplaire ; j'en ai eu si peu à ma disposition, que j'ai été obligé d'envoyer, rue du Jardinet, n. 12, tous les abonnés qui sont venus se plaindre de n'avoir pas été servis.

En ce moment, il s'opère quelque mouvement dans la salle ; des gendarmes s'approchent du citoyen Ricard-Farrat, qui a été extrait comme témoin de Sainte-Pélagie, et veulent l'y ramener.

Gaussuron-Despréaux. J'invite M. le président à donner des ordres pour que notre camarade Ricard-Farrat soit laissé auprès de nous jusqu'à la fin des débats. Comme membre de la *Société*, il doit y assister ; rien ne presse, ce me semble, pour qu'on le ramène dans sa geôle.

Le président. Ce n'est pas moi qui ai commandé cela. Si le ministère public ne s'y oppose pas, il peut rester. (Les gendarmes s'éloignent.)

RÉQUISITOIRE DE M. PARTARRIEU-LAFOSSE.

M. Partarrieu-Lafosse a la parole pour son réquisitoire. Il s'indigne qu'on ait cherché à profiter du malheur de la Pologne, et de la douleur causée par la chute de Varsovie, pour avilir le gouvernement, le traduire sur la sellette de l'opinion publique, et ameuter le peuple contre le pouvoir. Cette intention lui paraît on ne peut plus clairement manifestée par un avis imprimé à la fin de la publication, et portant : *Notre brochure sera envoyée*

GRATIS *à tous les ouvriers sans travail, qui la demanderont.* Quant au délit en lui-même, il lui paraît si patent, si irréfutable, qu'il suffit, dit-il, de donner lecture au jury de l'article incriminé, pour que sa conviction pleine et entière soit formée.

(M. l'avocat royal lit, en effet, l'article, en ayant soin d'en bien accentuer tous les passages, et en pesant particulièrement sur les lignes d'où ressort le mieux, selon lui, la culpabilité. Ces lignes sont indiquées ici en caractères différens).

LA POLOGNE EST MORTE ; A NOTRE TOUR !

« Il n'est pas vrai, comme les ennemis de la liberté le prétendent, qu'un état qui reconnaît pour base la souveraineté du peuple, doive faire de la guerre le principe essentiel de son existence. Mais seconder l'émancipation des peuples contre les efforts des tyrans, est un devoir sacré pour une nation libre.

«*Ainsi n'a point fait le gouvernement* QUI S'EST IMPOSÉ A LA FRANCE DE JUILLET. *Pactisant avec les rois contre l'indépendance des nations, il a payé sa bienvenue dans la sainte-alliance par la promesse d'anéantir la révolution des barricades, de livrer aux bourreaux absolutistes les patriotes étrangers, et cette promesse, il l'a plus fidèlement tenue que les promesses de l'Hôtel-de-Ville.* Par elle, les juges de Charles X ont eu leurs victimes, les rues de Paris leurs dragonnades, l'Italie ses échafauds, la Belgique son proconsul, l'Espagne ses massacres de constitutionnels, et Varsovie son tombeau. Oui ! (et l'on ne saurait le crier assez haut) *c'est en vertu d'un traité contre-révolutionnaire consenti par le cabinet du Palais-Royal, dans l'intérêt des dynasties et aux dépens de la liberté des peuples, que la Pologne a péri.* Rien n'a pu toucher nos égoïstes aristocrates : ni les services rendus à la France par les Polonais, ni le noble caractère de leur insurrection , ni la sympathie fraternelle de 33 millions de Français, ni les cris de détresse de notre seconde patrie. Seule, sans amis, sans alliés, sans munitions, sans vêtemens, presque sans pain, elle a un an lutté contre les trois fléaux réunis de l'invasion des barbares, du choléra-morbus et de la trahison. Puis elle est morte, ne nous voyant pas venir, forcée de maudire et nos trompeuses promesses et notre stérile sympathie, dont l'effet a été cent fois plus funeste pour elle que la franche inimitié de Nicolas.

« Tout a été dit sur cette terrible catastrophe, et nous ne viendrons pas, comme on l'a fait à la chambre des députés, remuer sans profit pour l'avenir une froide poussière que tous les plus beaux discours ne sauraient ranimer. Aujourd'hui le voile est déchiré. *Grâce à la trahison, notre révolution est tombée dans un labyrinthe étroit au fond duquel il n'y a plus qu'invasion et servitude.* L'avenir effrayant et triste est déjà là sur nous comme un géant ; il nous pousse, il nous presse.

« Le nord et l'est de la France sont à découvert. Entre Varsovie devenue cosaque et les bords du Rhin, qu'avons-nous ? la Prusse et l'Autriche complices de la mort de nos frères. Entre les bords du Rhin et Paris ? abattement et misère ; un marasme rongeur, fruit de l'attente trompée ; des associations contre l'invasion déclarées rebelles, des gardes mobiles tuées dans leur élan, et cinq ou six fusils par commune rurale, pour repousser l'étranger.

« *Que si à force d'abaissement et d'opprobre, à force de* TRAÎNER DANS LA FANGE LA RÉVOLUTION DE JUILLET, A FORCE DE BAISER LA MAIN QUI VIENT D'ASSASSINER LA POLOGNE, *le cabinet du Palais-Royal* parvient à arrêter la marche de l'autocrate, nous n'échapperons pas pour cela à la fatalité de nos destinées; *seulement nous passerons par les menottes et les bâillons du juste-milieu avant d'arriver aux fourches caudines des barbares.* La grande voix qui criait en Europe : *Honte au gouvernement de France!* vient d'expirer; pour nos Périer, pour nos Sébastiani, plus d'importunes clameurs : et si dans leurs songes les cadavres des héros d'Ostrolenka comblant les fossés de Varsovie, viennent les tourmenter et les poursuivre, l'or d'un budget toujours grossissant, et les douceurs d'un pouvoir sans contrôle, effaceront au réveil ces funestes images.

« Pour nous, hommes sans cœur, qui n'aurons su que chanter ou donner des concerts pour acquitter la dette du sang, nos réclamations seront plus que jamais étouffées comme celles d'un vil troupeau. *Nous avons eu des lois d'arbitraire et de privilège : nous aurons des lois d'exception. Les prisons aujourd'hui sont pleines : on en construira de nouvelles.* Mais c'est alors; quand nous serons bien humiliés, bien désunis, bien abattus; quand la faim et la misère nous auront débordés, que l'Europe coalisée entendra sonner notre heure; alors sera venu pour elle le moment d'avoir bon marché de nous, et la perte totale de nos libertés donnera sous peu le signal d'une troisième restauration.

« Alors on connaîtra, mais trop tard, qui des deux était le plus sincère, ou des protocoles des monarques ou de leur vieille haine de quarante ans contre le peuple de France. Alors on apprendra, mais trop tard, « que les malheurs « des peuples ne viennent jamais que des crimes de leurs gouvernemens. » Alors on se demandera pourquoi cette garde nationale, si active autrefois contre les émeutes, fut constamment si aveugle sur la cause qui les faisait naître ; et se voyant envahie et sans défense, la France dira ; *Où sont mes trésors que le gouvernement qui succéda aux barricades m'arrachait sous le prétexte de lever et d'équiper des armées ?*

« Mais les milliards, fruits des sueurs du peuple, n'auront servi qu'à alimenter l'orgueil de quelques aristocrates bourgeois, et leur effet le moins contestable aura été d'ajouter des financiers à des nobles, et quelques avocats aux traîtres de la restauration. Alors les cosaques, qui deux fois campèrent aux Tuileries pour soutenir des Bourbons, *viendront une troisième fois y camper encore pour protéger la même race contre les vengeances démocratiques*, et peut-être on se convaincra que de branche à branche, de parens à parens, les inimitiés des princes sont bien moins durables que les ligues des despotes contre les peuples.

« Et à l'ombre du drapeau blanc (peut-être, qui sait? à l'ombre du drapeau tricolore), *l'on verra s'élever des échafauds* ROYALISTES *pour supplicier ceux qui crieront :* VENGEANCE A LA FRANCE! *comme on a vu naguère armer et solder des mouchards pour assassiner et emprisonner ceux qui criaient :* VENGEANCE A LA POLOGNE!

« Peut-être en ce moment, dans une magnifique voiture, passera sur la place quelque *ministre du roi*; et si des clameurs populaires frappent son oreille, et si l'on arrête ses chevaux pour lui demander compte de ses actes, il se retournera insolemment vers le peuple, et lui dira comme aujourd'hui : « Que me demandez-vous ? »

« Ce que nous demandons ? justice et rien que justice contre les hommes qui, semblables à Caïn, portent au front le sang de la Pologne, et dont la voix de tous les peuples assassinés a trouvé le cœur insensible, de même que les gémissemens qu'on pousse dans les tombeaux ne réveillent point les cadavres.

« Si la responsabilité ministérielle n'était pas une cruelle dérision insolemment écrite dans une *charte rapiécée*, dès aujourd'hui commencerait un grand procès entre la France menacée de tous côtés, et les hommes du « gouvernement de Louis-Philippe. Mais pour les ministres autour desquels fume le sang de tant de patriotes, pour les fonctionnaires publics coupables de l'appauvrissement et du déshonneur de la France, serait-ce assez qu'une amende pécuniaire ou qu'une molle prison ? Non, non ! « pour les « ministres prévaricateurs, la responsabilité, c'est la mort (1). »

Après cette lecture, qui paraît avoir profondément remué l'auditoire, mais dans un sens tout autre que celui de l'avocat du roi, M. PARTARRIEU LAFOSSE continue : Vous le voyez, Messieurs, vous appréciez dans votre âme toute la tendance désastreuse de cet écrit. Elle ressort non seulement de la majorité des passages, mais encore de l'article en son ensemble. Quant à sa source, elle est indiquée par les initiales G. D-P. qui se trouvent au bas ; elles suffiraient pour nous apprendre que le prévenu Gaussuron-Despréaux a été le rédacteur de l'article, quand même il ne nous l'aurait pas avoué lui-même.

Ici, l'orateur du ministère public s'engage dans une digression obligée contre les anarchistes et les fauteurs de désordres, puis il aborde le fait de publication. Pour lui, il est hors de doute que le même qui a écrit l'article l'a en même temps publié et distribué. Vainement, dit-il, nous taxera-t-on d'immoralité ; vainement invoquera-t-on en faveur du prévenu la générosité des motifs qui ont provoqué sa franchise ; j'aime bien mieux, de quelque déloyauté qu'on nous accuse, m'en tenir à la lettre de ce qu'il a avoué à la cour, qu'aux moyens préjudiciels, sur lesquels ne manquera pas de s'appuyer le défenseur, d'après les dépositions des témoins. D'ailleurs, de quel droit *une Société politique, qui n'est point reconnue par nos lois*, une société, dont le pouvoir a ordonné la dissolution, vient-elle offrir ici son intervention, réclamer sa responsabilité matérielle et morale ? Notre législation ne peut admettre ici que des individus ; ces individus sont devant vous.

M. l'avocat royal termine en se désistant de ses poursuites contre le prévenu Beaumont, et conclut à ce que toute la culpabilité repose sur son co-accusé Gaussuron-Despréaux.

Mᵉ BERNMONT. Les prévenus vont présenter eux-mêmes une partie de leur défense.

LE PRÉSIDENT. Beaumont, vous avez entendu que le ministère public renonce à la prévention portée contre vous ; ainsi, je pense qu'il est inutile......

BEAUMONT. Je n'ai pas recherché cette faveur du ministère public, je dirai

---

(1) Isnard au ministre Narbonne, prêtant serment à la convention.

même que j'en suis peu flatté. Aussi me rendrai-je non pas tant à l'invitation de la cour qu'à mon désir de ne pas abuser de l'attention du jury. D'ailleurs, mon allocution offre bien moins la défense de l'article que la réfutation des calomnies qu'on ne cesse d'élever contre nos principes républicains, et mon but sera également rempli en la faisant connaître par la presse.

(Voici, en conséquence, les paroles que devait prononcer le citoyen Beaumont, et qu'on se fait un devoir de reproduire ici, afin que rien ne manque au caractère des débats.)

ALLOCUTION

DU CITOYEN BEAUMONT.

Messieurs, un sentiment d'honneur et de délicatesse ayant engagé l'auteur de l'article incriminé à réclamer pour lui la responsabilité que je m'étais empressé d'accepter, c'est à lui qu'il appartient de défendre les principes patriotiques qui ont provoqué la poursuite actuelle, et de prouver qu'il est bien permis de plaindre le sort d'un grand peuple dans le malheur, sans qu'un châtiment juridique expie ce crime de lèze-majesté envers la Sainte-Alliance. Je me bornerai donc à repousser les absurdes calomnies qu'on reproduit tous les jours contre la société des *Amis du Peuple*, dont je m'honore de faire partie. Il est faux que les Amis du peuple ne soient qu'un ramas d'anarchistes, qui ne respirent que le désordre et le sang. Il est également faux qu'ils ne soient qu'une secte de visionnaires, qui rêvent un système impraticable, une chimère en opposition avec les lois de la nature. Si je voulais suivre la marche de nos adversaires, qui du reste n'hésitent pas à employer même la calomnie la plus grossière, je m'attacherais à faire ressortir l'inconséquence de ceux qui, il n'y a que vingt mois, appelaient la monarchie la meilleure des républiques ; j'appellerais votre attention sur les démentis donnés par l'opposition anglaise aux assertions du ministère français, sur les révélations honteuses faites presque tous les jours à la cour d'assises ; sur la véritable anarchie qui dévore, en ce moment, la France ; sur l'indignation de tous les peuples de l'Europe cruellement trompés. Mais je me contenterai de déclarer mes principes, que je n'hésite pas à présenter comme ceux de la Société, d'autant plus que ce ne fut qu'après que j'eus publié une brochure sur le gouvernement américain, qu'elle me reçut dans son sein, et qu'elle m'honora de sa confiance, en me nommant membre de sa commission de rédaction. De même que les despotes regardent la France, à juste titre, comme le foyer de la liberté européenne, la *Société* trouve que l'intérêt du pays, non moins que son honneur, exige qu'il rallie autour de son drapeau tous les peuples opprimés, en proclamant la république au dedans, et la propagande au dehors. La république que la Société demande, n'est pas le gouvernement de Sparte, ni celui d'Athènes, ni celui de Cromwell, ni celui de 1793. Loin de vouloir établir un système de violence et d'arbitraire, un système de quasi-liberté, un système de véritable tyrannie, elle ne demande que les avantages réels qui résultent de l'élection débarrassée de toute entrave, et de la représentation municipale et générale des intérêts de tous les citoyens. Je vous demanderai, Messieurs, la permission de vous faire connaître une profession de foi que j'ai rédigée au nom de la Société qui l'a reconnue comme l'expression de ses opinions.

PROFESSION DE FOI.

« C'est afin de répondre aux calomnies nombreuses dont on accable à chaque instant les républicains, que nous jugeons convenable de déclarer les principes que nous avons adoptés, et que nous chérirons toujours malgré les injures et la mauvaise foi de ceux qui nous qualifient d'anarchistes, et qui nous accusent de *déposer les ordures de nos âmes sur les places publiques* (1).

« Nous proclamons que tous les hommes sont nés égaux, et qu'ils sont nés pour être heureux. Mais pour atteindre ce but, nous savons bien qu'il est nécessaire que les lois protègent les faibles contre les forts, que la simplicité soit mise à l'abri de l'astuce, que la violence soit réprimée, le crime puni. Nous sommes ennemis de l'anarchie sous toutes ses dénominations. Nous désirons l'ordre, mais non pas celui qui règne à Varsovie. Nous aimons la tranquillité, mais non pas celle du tombeau. Nous détestons la guerre, mais nous n'ignorons pas que quelquefois il faut passer à travers elle pour arriver à la paix.

« Nous croyons qu'il est du devoir et de l'intérêt des peuples de se secourir mutuellement, mais nous ne voulons pas confondre leur sainte alliance avec celle des rois ligués contre eux.

« Nous désirons mettre un terme aux révolutions dont l'aristocratie et la monarchie ont de tout temps été la cause. Nous désirons qu'en rendant aux pauvres les droits dont on les a injustement privés, on leur ôte tout prétexte de troubler la véritable tranquillité publique.

« Nous sommes ennemis de toute espèce de faction, sous quelque forme qu'elle se présente, qui ose s'arroger des pouvoirs que le peuple ne lui a pas confiés, qui s'empare de la souveraineté sans y être appelé par le choix libre de toutes les classes, dont, suivant nous, tout pouvoir, toute autorité doivent émaner.

« Nous répudions le nom de théoriciens, parce que le but que nous nous sommes proposé est tout à fait pratique, c'est-à-dire, d'asseoir l'ordre public sur une base solide.

« Nous regardons le prétexte d'incompatibilité entre les mœurs d'un pays

---

(1) L'auteur de cette phrase de bon goût, élaborée contre les républicains, et lancée au commencement de la dernière session, époque à laquelle fut fait cet article, du haut de la tribune de la chambre, n'est autre, comme on sait, que le sieur Guizot. On se rappelle aussi ce qu'on dit un jour à cette occasion : qu'un orateur capable d'avoir à *la bouche* de pareils propos était digne du *déjeuner d'Ezechiel*. (*Note des éditeurs.*)

et l'amélioration de son état social, comme une de ces théories absurdes et mensongères dont nos ennemis ont eu la hardiesse de nous accuser.

« Nous n'ignorons pas, comme Montesquieu l'avoue, que la monarchie tend à corrompre les mœurs ; mais nous nions que parce que l'effet existe, il s'ensuive que l'on doive en perpétuer la cause. »

« Nous faisons justice du terme : *monarchie républicaine*, inventé par ceux qui ont avoué plus tard qu'un trône, au milieu d'une république, est une contradiction insensée, un problème insoluble. Nous n'avons jamais rêvé de pareille chimère. Nous savons, aussi bien que le journal *des Débats*, que chaque gouvernement a ses conditions de vie. Nous savons que la forme monarchique exigeant le faste et la représentation, et par conséquent une forte liste civile, il est impossible qu'elle soit un gouvernement à bon marché.

« Nous désirons que le terme : *souveraineté du peuple* cesse d'être un vain mot vide de sens, et que le peuple exerce en réalité cette volonté suprême qu'on lui accorde en théorie.

« Nous affirmons, avec Montesquieu, que le peuple est admirable pour choisir ceux à qui il doit confier quelque partie de son autorité.

« Nous désirons donc que le peuple en masse, de chaque département, soit appelé à nommer ses maires et ses préfets ; en un mot, tous les fonctionnaires départementaux.

« Nous désirons que tous les intérêts soient représentés ; que tous les citoyens aient le droit constitutionnel de concourir, par leurs représentans, librement choisis, à la confection des lois qui les gouvernent.

« Nous désirons que la patrie ne reconnaisse aucune différence entre l'écuelle de bois du pauvre paysan et la porcelaine dorée de son riche propriétaire.

« Nous trouvons non moins infâme qu'absurde, que la portion utile et vertueuse de la société soit mise tout-à-fait à la merci de la portion onéreuse et corrompue.

« Si l'on nous parle d'expérience, nous répondrons que l'expérience de nos jours démontre l'insuffisance et l'incapacité de ceux qui repoussent le peuple d'après le système restrictif.

« Nous désirons que ceux qui remplissent les hautes fonctions de l'état, soient des hommes connus pour leurs vertus, leur patriotisme, leurs talens et leur expérience ; nous désirons qu'ils soient nommés par des députés spécialement chargés par le peuple d'interpréter sa volonté et choisir en son nom.

« Nous désirons que les objets d'une consommation journalière soient exempts de tout impôt.

« Nous désirons que, dans aucun cas, on ne sacrifie les besoins des pauvres aux caprices des riches.

« Nous affirmons que le luxe des riches ne contribue nullement à augmenter la somme des produits du pays, et que les places, hautement salariées, en nécessitant l'imposition de taxes onéreuses et vexatoires, entravent l'industrie, étouffent l'esprit d'entreprise, et multiplient le nombre des malheureux et des coupables.

« Nous désirons que ceux qui servent l'état, soient convenablement rétribués : mais nous désirons aussi que l'amour et la confiance de leurs concitoyens soient regardés comme leur plus beau titre de gloire.

« Nous désirons que toutes les portes soient ouvertes au mérite, toutes fermées à l'intrigue ; en un mot nous ne nous proposons que le triomphe de la vertu, l'empire des lois et le bonheur de l'homme. Telle est la chimère que nous rêvons ; telles sont les *ordures de nos âmes*, que nous continuerons de *déposer sur les places publiques*. A. J. B. »

Voilà, Messieurs, les principes de la Société des Amis du Peuple. Ce n'est pas la faute des patriotes, si les légitimistes invoquent aussi ces mêmes principes. La Société n'a fait de pacte avec aucun tyran ; elle ne reconnaît de pouvoir légitime que celui qui dérive de l'élection, ni de souveraineté que celle du peuple. Malgré les calomnies des journalistes salariés, tant à Londres qu'à Paris ; malgré les vexations de la police et les coups des assommeurs, elle restera fidèle à la belle mission qu'elle s'est imposée, d'éclairer ses concitoyens, et de leur répéter qu'il convient à la France de parler à ses voisins, non pas chapeau bas, mais la lance au poing ; de menacer de la guerre, non pas de mendier la paix. La Société soutient que si la France veut jouir des avantages de la révolution de 1830, il faut qu'elle en accepte toutes les conditions. Elle affirme que la France peut encore se mettre à la tête des Italiens, malgré la fusillade des Polonais en Prusse, et le massacre des stations à Césène et à Forli. Les amis des peuples savent bien que si la Pologne est morte, la cause de la liberté ne l'est pas. Ils continueront de braver la prison et la mort, en attendant que la monarchie, cette source féconde de dissensions, de guerre et de malheurs, vienne démontrer elle-même son incompatibilité avec le bien-être de l'espèce humaine, en attendant que la détresse générale fasse sortir les nations de leur torpeur, et que le réveil des peuples prélude à la chute des rois.

Immédiatement après le réquisitoire du ministère public, le citoyen Gaussuron-Despréaux s'est levé et s'est exprimé en ces termes :

DÉFENSE

DU CITOYEN GAUSSURON-DESPRÉAUX.

Messieurs les jurés,

« Lorsque mourut, il y a huit mois, la Pologne assassinée, la société des *Amis du peuple*, au nom de laquelle j'ai à m'exprimer devant vous, entra sans palliatifs comme sans déguisemens en complicité d'indignation et de regrets avec l'immense majorité de nos concitoyens. Mais au sentiment de douloureuse angoisse, causé par le tableau d'un grand peuple détruit, se mêla dans nos âmes une autre préoccupation funeste. Nous supputâmes quelle somme d'opprobre et de calamités amasse sur lui-même un peuple en laissant détruire ou asservir les peuples qui l'aiment; et cette pensée, qui domine l'ensemble des pages aujourd'hui incriminées, nous en fîmes tout naturellement l'application à notre patrie. Comment se fait-il donc, messieurs, que dans des inductions formulées en vue du salut commun de tous les pays et du nôtre, en vue de la nécessité d'un solidaire appui parmi toutes les nations qui ne voudront pas s'éteindre, M. le procureur du roi se soit attaché à ne rechercher que des délits contre un gouvernement ? Là où s'agite une controverse de droit commun des plus vastes, comment n'a-t-il trouvé, lui, qu'une tendance toute préjudicielle ? Aussi, sens-je que, pour être sainement appréciée par vous, la discussion doit être ramenée à son véritable point de vue. Qu'on me laisse la poser à vos yeux, immense, élevée comme elle est, ou comme il faut qu'elle soit, imposante par son but et par son caractère, et je ne sais si vous trouverez ensuite place à côté pour la mesquine accusation qui vous est soumise.

« La question de paix ou de guerre, par rapport au bien-être de l'homme établi en société, l'impossibilité où il s'est presque toujours vu de conquérir, de consolider pour lui ou ses semblables une situation politique libre et tranquille autrement que par les champs de bataille, offre depuis la formation des empires un cruel problème à résoudre aux amis de l'humanité. Plus d'une fois contraints, comme pour l'affaire polonaise, de faire accorder dans leur conscience leurs principes de philanthropie avec les exigences du code barbare du plus fort, ils ont dû remonter jusqu'aux axiomes primordiaux, régulateurs nés de toute association humaine, et ils ont justement étendu aux rapports nécessaires des peuples entre eux ce penchant instinctif qui porte tous les êtres créés à se chercher, à se réunir pour se prêter aide et conseil. Ils ont trouvé que si chaque agglomération policée s'engage, par le seul fait de son existence, à protéger chacun de ses membres, de même l'ensemble des réunions organisées dont se compose la grande famille pensante doit sa participation active et réciproque au bonheur de chaque corps social en particulier. De là, deux conséquences bien puissantes dans la balance de nos destinées : c'est qu'il n'est qu'un cas où la guerre cesse d'être un attentat flagrant contre les lois de l'humanité; c'est celui où des populations s'en servent comme on fait des poisons dans les maladies aiguës, pour réprimer un mal plus grand, pour extirper de leur sein ou du sein des populations voisines, un fléau plus cruel que toutes les dévastations à main armée : je veux parler de l'oppression. »

« Qu'on réunisse, en effet, par la pensée, d'un côté tous les maux qui désolent le monde, et de l'autre les seuls effets produits par un régime corrupteur ou tyrannique, et l'on verra cette dernière calamité l'emporter infiniment sur toutes les autres. La nature a des ressources inépuisables pour se réparer elle-même. A la place des moissons ravagées naissent incessamment des moissons nouvelles; les forêts et les carriè-

res ne refusent jamais de quoi faire oublier les incendies et les ruines, et des générations neuves sont toujours là pour succéder aux générations éteintes. Mais les institutions perverses, les lois impopulaires, sont un cancer dévorant, une plaie héréditaire; elles s'infiltrent dans les races pour les vicier et les corrompre; la misère, l'abrutissement et les préjugés qu'elles entretiennent se lèguent de génération en génération, et vont, lors même qu'elles ont cessé de fonctionner, réagir sur la postérité la plus reculée. Alors, et dès qu'un tel état se signale, il y a urgence pour tous les bons citoyens, à quelque sol qu'ils appartiennent, de se lever pour couper court à ces désastres; il y a urgence de brûler au vif le mal et d'appeler, s'il le faut, le glaive au secours des droits de l'homme indignement outragés. Sous quelque titre que se déguisent ceux qui s'imposent à leurs semblables pour les avilir, les spolier, les détruire, individus ou castes, il y a urgence de les traiter en révoltés, de les attacher au ban de l'espèce humaine, et cela du même droit et au même titre que l'on voit les pays les moins libres mettre hors la loi les brigands armés et non patentés qui les désolent.

«Aussi disons-nous: malheur à tout chef prévaricateur, à tout diplomate avide qui, par un cruel désir de prévaloir, de s'enrichir ou de trôner, fait vivre les peuples dans l'abjection et le malaise! Malheur au déplorable conquérant qui, par monomanie de tuer, pour repaître des haines héréditaires ou pour dérober des couronnes, pousse à la mort des masses aveugles, exécutrices sacrifiées de ses hautes-œuvres, et vient étaler sur un char de triomphe sa pourpre de César, humide du sang et des larmes des générations! Mais malheur aussi au gouvernement abject qui, cédant à des peurs honteuses ou voulant sauve-garder des intérêts privés, ferme l'oreille aux cris des peuples en détresse, croise les bras en les voyant périr, et n'a qu'une pitié stérile pour les victimes qui l'avaient salué du nom de libérateur, en agitant leurs chaînes! ah! qu'il ne vienne pas, affichant ses regrets, se targuer d'une prétendue sagesse ou d'une contestable prudence, car ses regrets ne sont qu'hypocrisie, sa sagesse lâcheté, et sa prudence un forfait dont même ses amis et ses agens les plus dévoués doivent le punir, sinon par d'amères réprobations, du moins par d'énergiques remontrances ou par leur silence significatif en l'entendant maudire.

« Messieurs les jurés, je me suis à dessein, quoique non sans peine, abstenu de caractériser, par des désignations explicites ou nominatives, le tableau récriminatif que je viens de tracer, et, par ainsi, je ne crains pas qu'on vienne, comme on l'a fait naguère, tirer de mes paroles, que chacun au reste a dû comprendre, des conclusions pénales en dehors de vos décisions.

Le président. Prévenu Gaussuron-Despréaux, vous sortez des bornes de la défense, et je dois vous arrêter. Vous annoncez que vous ne désignez personne, et votre réticence même semble indiquer le gouvernement.

Gaussuron-Despréaux. Je suis dans le bénéfice de l'orateur; si je fais un tableau sans nommer qui que ce soit et qu'on s'y reconnaisse, c'est preuve qu'il ressemble. (*Reprenant.*)

« Je ne crains pas qu'on vienne, comme on l'a fait naguère, tirer de mes paroles, que chacun au reste a dû comprendre, des conclusions pénales en dehors de vos décisions. Toutefois, je dois le dire: il faut que, du propre aveu de ceux qui ont reçu mission de le réhabiliter et de le défendre, le pouvoir actuel se soit, en ce qui touche les affaires de Pologne, placé dans une situation bien inextricable; puisqu'à cet unanime concert d'accusations et de reproches, que fit naître de toutes parts la chute de Varsovie, le parquet lui-même n'avait cru devoir opposer, jusqu'à ce jour, que ce silence expressif dont je vous parlais tout-à-l'heure, et qui, dans les cas injustifiables, devient un moyen de censure éloquente pour les plus passifs de nos serviteurs.

« Vous le savez, en effet, messieurs, si depuis vingt mois, et dans aucune circonstance, la magistrature des réquisitoires a laissé tiédir ses foudres; si jamais elle a fait grâce d'incriminations, faute de prétextes. Dans ces discussions d'économie sociale, surtout, qui font frémir de la tête aux pieds les omnipotens du jour, comme frémissaient jadis les juges de Galilée à la démonstration du double mouvement terrestre, vous savez, dis-je, si jamais le fisc et la geôle ont manqué de réclamer l'argumentateur pour controverser avec lui à leur manière ; vous savez, d'un autre côté, si, lors du trépas de nos frères du Nord, la presse fut avare d'énergiques accens; si tout ce qu'il y a parmi nous d'écrivains non vendus, d'hommes au front pudique, à la plume sincère, dissimula sa part au tribut commun de regrets et d'indignation !.... Eh bien ! messieurs, dans cette question palpitante, qui fit, comme aux jours de la patrie en danger, soulever en septembre dernier les masses irritées, la chambre d'accusation s'annihila ; nul écrivain, nul patriote à la parole libre, ne comparut ici à votre barre.

« D'où vient donc, messieurs, qu'on vient aujourd'hui, à notre sujet, ramener l'opinion sur un terrain brûlant, et harceler dans nos cœurs des sympathies qui vibrent encore ? Nous suppose-t-on donc si dégénérés depuis six mois qu'on croie pouvoir désormais remuer sans danger ces matières combustibles ? D'où vient principalement que nous nous trouvons seuls en face de vous, nous, *Amis du peuple*, qui trop affligés dans les premiers instans pour songer à écrire, qui entravés d'ailleurs par la nature de nos publications et les poursuites du pouvoir, n'avons pu imprimer qu'en octobre et rester bien en-deçà de tout ce que nous avions pu voir, sentir et entendre ? Quoi ! l'on pouvait enrichir ce procès d'un luxe d'accusation inouï dans les fastes judiciaires ; l'on pouvait mander sur ces bancs tout ce qui eut une voix forte pour crier : *Honte au cabinet de France ! Guerre aux éternels bourreaux des populations libres !* Citoyens, journaux, troupe de ligne et garde nationale, l'on pouvait, sinon en totalité, du moins par délégations, tout citer ici, tout faire comparaître ; tout, dis-je, jusqu'à l'opposition dite *parlementaire*, dont avec un peu d'adresse on aurait peut-être pu tirer de l'arsenal des vieilles lois de quoi mettre en cause les interpellations de tribune, et au lieu de tant de pompe, au lieu d'un appareil si varié, au lieu d'un assemblage si neuf, d'un concours si puissant, c'est nous seuls qu'on vous amène aujourd'hui; nous seuls que l'on vous livre; nous dont la place se trouve inévitablement ici retenue d'avance ; nous dont la valeur sociale est de si peu, au dire de nos adversaires; nous qui, aux yeux d'un pouvoir si violemment épris des capacités d'argent, ne saurions rien représenter ici, si ce n'est les malheureux qu'on juge indignes d'être représentés nulle part, les classes sans cités, les ilotes exclus de leurs droits de patrie? Comment expliquerons-nous ces bizarres préférences? Quoi donc ! le Baal qui dévora la Pologne exigerait-il encore quelques grains d'encens après un tel holocauste? Songerait-on à lui jeter quelque immolation de parquet en attendant une plus pompeuse offrande, et commencerait-on tout naturellement par nous, qui sommes des premiers sur la brèche, avant de tailler plus profondément dans la phalange révolutionnaire? Mais quand on a pu, comme le Caligula du Nord, entendre tout un peuple crier merci sous le talon des Baskirs ; quand on a pu se donner la joie d'exterminer par une amnistie tout ce qui avait échappé au fer de la vengeance ; faire marquer au front comme un vil bétail des milliers de héros, des généraux illustres, puis les envoyer en mendiant aux bagnes de Sibérie pour y perdre à jamais leur nom et leur qualité d'homme ; quand on a pu faire charger de fers des braves mutilés, à qui leurs bourreaux demandaient en vain des membres pour attacher leurs chaînes ; s'exulter à l'agonie des femmes et des enfans égorgés dans les temples (1), ou livrés tout nus dans les bois aux horreurs accumulées du choléra, de la faim et de la lance cosaque (2) ; quand on a pu comme Nicolas empoisonner l'Europe du plus hideux des fléaux après la présence de ses armées ; faire expier à la France, par l'humiliation, ce qui restait encore à expier de Varsovie ; dominer par la terreur les conseils de nos gouvernans, en attendant de nous envoyer ses hordes, et faire enfin chasser de notre sol hospitalier les débris d'un peuple malheureux, qu'il a sans doute résolu de retrancher de la terre, on doit se reposer un instant, quelque insatiable qu'on soit dans ses barbaries. C'est du sang, du sang le plus pur, du sang français ; si je ne me trompe, qu'il faut maintenant à l'Attila de la sainte alliance pour rafraîchir ses lauriers ! l'emprisonnement obscur de quelques patriotes de plus ne saurait le faire. »

« Aussi, messieurs, frappé de ces considérations, je vois, il faut le dire, dans le procès actuel, bien moins l'incrimination de nos regrets sur Varsovie que la conséquence des poursuites organisées depuis deux ans, sous toutes les formes, contre la société des *Amis du peuple* elle-même. Oui, oui, que ce soit le bras de l'inquisiteur russe ou une simple galanterie du parquet qui nous pousse ici devant vous ; qu'on rattache à une tracasserie d'intérieur notre accusation si étrange, ou au vaste système de rétrogradation européenne, c'est toujours, comme toutes les fois que nos amis ont paru sur ces bancs, non pas un délit de la presse, mais un délit d'opinions qu'on vous donne à juger, un procès à des principes qu'on vous défère. Ce sont, aujourd'hui comme toujours, nos doctrines républicaines, nos affections démocratiques, qu'on s'efforce de traîner sur la claie aux gémonies ministérielles. Dans ce cas, messieurs, j'en appelle à votre pudeur : puisqu'on est toujours debout pour les persécuter, n'est-ce pas à nous d'être toujours debout pour les défendre? Rejeter le bâton de l'apôtre, alors qu'il y a péril à le porter, ce serait plus que pusillanimité, et je n'achèterai pas un acquittement qui, sans doute me comblerait d'aise, au prix d'une réticence qui m'aliénerait votre estime.

« Messieurs, il est une triste vérité qui, en dépit des intérêts privés et

---

(1) A Chorbacewitz, à Wilna, etc.
(2) En Transilvanie, en Podolie, etc.

des priviléges de position, se révèle à l'intimité de toutes les consciences : c'est que depuis bien long-temps un grand forfait domine la terre ! Prenons un à un, compulsons les procès-verbaux de l'existence des empires ; regardons devant nous, derrière nous, autour de nous; presque partout règne un état contre nature. L'homme hypocrite ou déçu, exploitant ou exploité, tyran ou esclave; le petit nombre retranché dans les priviléges de tous; la morale laissée aux livres, oubliée dans les codes; les lois garantissant les gouvernans, presque jamais les gouvernés ; le droit sacrifié au fait ; la dignité des peuples à la vanité des pouvoirs ; la corruption mise en préceptes; l'égoïsme érigé en esprit d'ordre; le servilisme appelé sagesse, l'amour de la liberté félonie, l'égalité mensonge, l'enthousiasme civique ridiculisé ; enfin la force brutale opposée à la force de la raison : voilà ce qu'à chaque pas l'on rencontre.»

«Mais toute chose a un terme ; la mesure se comble, et un paroxisme aussi monstrueux est la cause de trop de souffrances, est en butte à trop de réprobations pour qu'il dure. Aussi vrai que l'esprit humain n'a cessé de marcher de perfectionnemens en découvertes; aussi vrai que l'homme a conquis l'imprimerie et la boussole; aussi vrai que nous avons pu envahir le domaine de l'air, pondérer les astres et rivaliser la foudre ; aussi vrai que des bateaux à vapeur sillonnent aujourd'hui l'Euphrate, que les peuplades du Canada ont depuis peu des palais et des livres, et que de tout temps enfin les progrès du monde intellectuel n'ont cessé d'attester l'empire de l'intelligence sur la matière ; aussi vrai, dis-je, est-il que le monde moral doit progresser à son tour : en douter ce serait proclamer l'inamovibilité du chaos ; ce serait reconnaître que de droit la propriété du globe est dévolue au crime.

«Si donc, ainsi que toutes les ébullitions sociales de nos jours nous l'annoncent, une réaction bienfaisante s'apprête à nous ramener avant peu vers ces principes de droiture et d'équité qui sont le rudiment et la perfection de tout, et dont les peuples furent trop long-temps écartés par une civilisation fausse; si, comme on ne saurait le nier sans folie, notre France doit entrer la première dans cette voie de rénovation ; si, comme d'un foyer réparateur doivent diverger de son sein ces rayons d'émancipation dont les peuples ont déjà vu l'aurore, que trouvez-vous, critiques à l'œil usé, qui doive vous surprendre, en nous voyant, nous hommes d'intuition précoce, pronostiquer avant tout pour notre terre chérie l'inévitable venue du seul gouvernement propre à réaliser ces grands bienfaits ? Devez-vous un seul instant vous étonner qu'à nos yeux la république démocratique soit la progression et le terme nécessaire de tout retour au bien, puisqu'elle seule s'appuie sur ces mêmes principes sacrés dont l'application tant désirée fait en tous lieux, aujourd'hui, palpiter les âmes ? Puisqu'elle seule met à exécution ces prodiges moraux traités par les vieux gouvernans de chimères? Puisqu'elle seule dirige les passions vers tout ce qui est bon et utile; qu'elle seule ravive et protège tous les sentimens généreux, s'interpose entre l'opprimé qui gémit et le barbare qui opprime, en un mot, remet l'humanité à sa place?

« Non, ce n'est point un vain rêve enfanté par l'ardent désir de ne point passer sans contribuer à quelque bien sur la terre! bientôt nous serons à même d'échanger contre des actions de grâce les malédictions des peuples trompés depuis dix-huit mois par notre politique étroite. Séchez vos pleurs, enfans de l'Italie délaissés par nous! Gémissez moins, surtout dans votre exil, infortunés Varsoviens, dont les frères ont disparu sans qu'il nous ait été donné de presser leur main mourante! Tout me dit là qu'avant peu nous vous referons une patrie; non point telle que vous l'a laissée l'affreuse clémence du czar, mais plus belle encore que vous ne la vouliez aux jours de Kosciuzko, grande, glorieuse, une des premières dans ce monde civilisé, que vous avez rempli de votre infortune. L'arbre de vos libertés n'est pas mort : encore quelques instans, et il poussera d'immortels rejetons; la France républicaine fermera les plaies que vous ont faites les monarchies.

«Ah! sans doute, je les connais, ces prétendus argumens qu'on vient nous opposer sans cesse! D'ici, j'entends, tout comme vous, mille voix menteuses ou crédules qui s'écrient : Notre sol est trop usé pour produire ces beaux fruits; la corruption l'a appauvri; nos cœurs se sont rétrécis; dans nos artères, un sang vivace et fier a cessé de battre! Eh pourquoi donc, messieurs, nous faire nous-mêmes sans cesse si méprisables? C'en serait donc fait, tout levain de grandeur et de droiture se serait retiré de la vieille race gauloise? Non, non, messieurs; soyons moins prompts à désespérer de nos ressources, et s'il nous faut une terre vierge pour réchauffer nos croyances débilitées, je la connais, elle est là, dans ces classes populaires que nous voulons affranchir et qui n'attendent qu'un signe pour apporter dans le développement de notre ère nouvelle et la franchise de leurs sens tout neufs, et la probité de leur organisation native; il est là, le germe de ces vertus qu'on dit à tort qui nous manquent; ce diamant brut qu'il ne faut que mettre en œuvre. Ah! ne doutez pas de l'efficace intervention du peuple; n'écoutez pas ceux qui nous le peignent immoral, afin qu'il soit à leur image! Voyez! depuis plus de trente ans nous n'avons eu que trois jours seuls de désintéressement, d'énergie civique et de grandeur réelle, et ces trois jours appartiennent au peuple.

« Grands dieux! Faut-il avoir touché de si près au bonheur et s'en être vu détourné d'une manière si cruelle! dites, dites-le si dans l'histoire des déceptions des peuples il en est une à comparer à celle des populations prolétaires de France depuis quarante années! Sans cesse sur la brèche pour conquérir l'égalité, et n'avoir encore pu se rédimer du servage! Toujours des retards, toujours des rechutes, toujours de dégoûts en misères; toujours torturé par ses ennemis ou trompé par de faux patronages; naguère insolenté par les nobles, aujourd'hui injurié par d'anciens frères; sous l'autre siècle la soupe à la porte des couvens, aujourd'hui des souscriptions à l'Opéra pour déguiser les aumônes;

LE PRÉSIDENT. Je ferai observer au prévenu que ses doctrines sont subversives de toute impulsion de bienfaisance. La bienfaisance, sous quelque titre qu'elle s'exerce, doit être encouragée et honorée.

GAUSSURON-DESPRÉAUX. C'est là une opinion tout comme une autre : la mienne est que le peuple doit, au moyen de lois faites par lui et pour lui, pourvoir lui-même à son bien être, et non pas être avili par des aumônes. Je poursuis.

«Aujourd'hui des souscriptions à l'Opéra pour déguiser les aumônes; hier mitraillé par le droit divin, aujourd'hui affamé par l'école anglaise. Quel amas d'iniquités et d'abus! que de fatalités sur un peuple créé pour être un des plus heureux de la terre! et qu'on ne nous accuse pas de tableaux trop chargés, de récriminations systématiques! Nous échappons à peine à des temps de deuil qui ont mis à nu toutes nos plaies ; chaque jour de grands enseignemens nous débordent, qui parlent à nos yeux plus haut que de l'histoire. Vous l'avez vue cette hideuse absence de tous les avantages sociaux livrer par milliers nos classes pauvres aux coups redoublés de l'épidémie; vous l'avez vue cette cité, la plus riche de toutes en talens, en dévouemens, en lumières, prise au dépourvu par une contagion barbare, comme dans un camp Samoïède ou comme aux jours les plus désastreux du moyen âge; tant sont impuissans les efforts de la civilisation et de la philanthropie à côté d'un système de pouvoir qui ne s'occupe du peuple que pour le persécuter ou pour le craindre! Ah! l'incurie et l'aveuglement des dominateurs du jour brise le cœur quand on y pense; il démoraliserait nos âmes si nous ne savions pas qu'une révolution comme la nôtre n'est pas un de ces caprices d'enfans qu'on détourne à force de dégoûts et d'obstacles; si nous ne savions pas qu'un peuple qui a entrevu une carrière de bien-être ne s'arrête jamais qu'il ne l'ait parcourue. »

« Oui, messieurs, si du sein de cette enceinte ma voix pouvait se faire entendre à ces classes moyennes dont il m'est permis de vous considérer comme fraction représentative, je leur dirais : Prenez garde, on vous trompe! une poignée d'hommes incorrigibles veut à tout prix faire de vous un marche-pied pour dominer, ou une planche de salut pour ne pas rester seuls dans l'impopularité qui les déborde. On cherche à vous faire peur de l'avenir; mais croyez-en la franchise d'un homme libre: ceux-là seuls travaillent à l'attrister qui voudraient vous attirer dans un système de violence et d'inconciliation que votre caractère réprouve. Jamais les sabres des sergens ni les rigueurs des cours d'assises ne formèrent un baume adoucissant pour un état en souffrance. Songez qu'aux heures des révolutions les abus ne s'écroulent avec fracas qu'alors qu'on s'est obstiné à les vénérer comme une arche sainte; songez que le peuple est généralement bon comme la nature qui l'a fait, mais que dans les pays à qui le ciel refuse la rosée ce sont les inondations des fleuves et la lave des volcans qui fertilisent la terre!

« Mais grâce au ciel, nous arriverons sans secousse au but commun placé devant nous, si nous écoutons tous ce sentiment de justice et d'humaine sympathie, sans lequel les révolutions ne seraient que des crimes qui en détruiraient d'autres. Oui, cet amour précieux du bon et du vrai, qui se résume pour chacun dans le désir de sa propre estime, la nature l'a placé, quoiqu'on en dise, au fond de toutes les consciences! il ne palpite pas moins dans vos cœurs qu'il ne s'agite dans le mien ; j'en atteste la douleur causée parmi nous tous par le supplice de l'Italie pendante au gibet, et de la Pologne expirante ; et s'il vous faut enfin dire un mot de moi, qui dois marquer si peu auprès d'aussi grandes émotions, j'en atteste cette force secrète et cet invincible besoin d'être en paix avec moi-même, qui m'a de mon plein gré conduit sur ces bancs pour y subir vos arrêts, lorsque j'aurais pu, tranquille dans la foule, entendre condamner un autre pour de prétendus délits, dont je suis au moins solidaire.»

« C'est à vous maintenant, messieurs, de voir et de prononcer. »

« Ce n'est point ici un procès dans lequel l'accusé s'individualise et purge isolément le verdict qui le déclare coupable ; tous nos amis, tous les hommes francs et dévoués auxquels me lie une indélébile communauté de sentimens et de doctrines ; tous ceux qui, par la nature de leurs sympathies, ont ressenti le plus fortement vos propres afflictions sur le trépas d'un malheureux peuple, vous sont connus par mes principes ; leur cause est ici pendante avec la mienne : vous ne me frapperez pas sans les atteindre. Vous jugerez si, comme on vous l'a dit, c'est par l'exclusion et la violence, ou bien par la seule magie de son attrait, que peut s'exercer une mission comme la nôtre. Que si nous vous paraissons des êtres répressibles et pervers ; que si vous pensez, par une condamnation de plus, pouvoir arrêter l'essor de nos destinées, vous obéirez au vouloir de votre conviction, vous livrerez encore deux hommes libres aux geôliers de nos frères qui nous attendent, et, soit à travers les barreaux de nos prisons, soit dans la détresse de l'exil, soit même, s'il le fallait un jour, comme dans la législature de Charondas, en face de l'instrument des supplices, notre route est tracée, notre œuvre d'apostolat s'accomplira ; nous ne cesserons de travailler au bien être de tous, même de ceux-là qui nous méconnaissent. Mais si, quels que soient d'ailleurs les rangs et les positions, tous les cœurs sincères sont faits pour s'entendre et s'apprécier ; s'il est vrai que tout homme de bien doit être avec nous, improuva-t-il nos moyens et la nature de nos croyances ; si, ne partageant ni nos principes ni nos dévouemens, vous n'en soupirez pas moins après le calme *établi sur de solides bases* ; si doutant encore de l'avenir vous n'en reconnaissez pas moins en nous quelque étincelle de cette foi vive qui empêche le relâchement total des sociétés en dissolution, et les préserve du fléau de l'incrédulité morale, oh ! alors, messieurs, forts de l'aveu de vos consciences, vous nous direz : *Allez, soyez libres* ! et le jour où vous l'aurez dit, croyez-moi, ne sera pas perdu, je ne dis pas seulement pour nous, mais pour les destinées de bien d'autres. La chaîne de notre sort futur tient bien moins au vouloir de quelques-uns qu'à une certaine accumulation de précédens et d'exemples, et peut-être que, pour votre part, vous aurez d'avance jeté quelques rudimens de mansuétude et de paix dans la voie d'émancipation populaire qui se prépare. »

Pendant le prononcé de ce discours, l'assemblée a présenté un caractère remarquable. Aux signes les moins équivoques d'un assentiment unanime succédaient un silence religieux et les marques de l'attention la plus soutenue. La physionomie du jury n'a cessé de déceler le sentiment irrésistible qui lui était inspiré par le développement des saines doctrines républicaines. On a plusieurs fois entendu des exclamations approbatives s'échapper de l'enceinte du public, du banc des avocats et des témoins, et même des places réservées derrière la cour. Tout semblait subjugué par la haute logique et le charme puissant répandus par le prévenu dans l'ensemble de sa défense, par le ton d'entraînement qu'il avait su mettre dans son débit.

IMPROVISATION DE Me BETHMONT.

Me Bethmont, défenseur des prévenus, prend immédiatement la parole. Il rend justice aux principes philanthropiques exposés, dit-il, avec tant d'âme et de feu, dans le discours qu'on vient d'entendre, puis il s'attache à faire connaître au jury chacun des prévenus en particulier. Avec un tact exquis et des convenances parfaites, il parle de Beaumont, de sa modestie rare, de la sincérité de ses croyances et de l'ardeur avec laquelle, démocrate cosmopolite, il s'est constamment exposé dans tous les pays qu'il a parcourus, pour la défense de la cause populaire (1). Le caractère de probité, de franchise et de dévouement, qui a conduit Gaussuron-Despréaux sur le banc des accusés, où son ami et collègue se trouvait seul et injustement en cause, fournit un texte non moins heureux à l'avocat. La Société

---

(1) Le dévouement aux principes démocratiques est presque, chez le citoyen Beaumont, une obligation de famille. Voici ce qu'on lit dans la *Tribune* du 25 juin dernier au sujet du frère du prévenu.

« ANTILLES.— *Jamaïque:* — Des lettres de la Jamaïque, en date du 22 avril, mandent que M. Jordon, homme de couleur, et rédacteur en chef du *Jamaïca Watchmann* (Veilleur de nuit de la Jamaïque), avait été traduit devant un tribunal sous la prévention de haute trahison. Le crime du prévenu se réduisait à la simple publication d'un article où il se déclarait prêt à seconder les efforts de M. A. Beaumont, membre de l'assemblée législative, dans tout projet qui aurait pour dernier résultat l'émancipation totale des esclaves. Or, la loi en vertu de laquelle M. Jordon fut arrêté, condamne à la peine capitale tout auteur d'écrits ayant pour but cette émancipation.

«Le jour de l'audience, M. Beaumont fit circuler, à ses frais et risques, une feuille imprimée où il se fit gloire des principes du prévenu, et les défendit hautement. Un verdict d'acquittement du jury vint remplir de joie tous les amis de la liberté. A cette occasion, M. Beaumont donna un banquet, dont la solennité ne sera de long-temps oubliée. La réunion se composait de blancs, de noirs et de mulâtres, confondus ensemble et placés sans distinction de condition ni de fortune. M. Beaumont, Américain blanc, avait à sa droite M. Jordon, homme de couleur, et à sa gauche M. Lee, noir. A la fin du repas, il porta le toast suivant : « Aux trois couleurs de la Jamaïque (jaune, blanc et noir)! puissent-elles devenir le symbole d'une union véritable et non plus d'une vaine déception! puissent-elles être pour nous le drapeau d'une liberté réelle et non pas d'un mensonge. (Allusion aux révolutions française et belge de 1830). Que ce drapeau plane sur les hommes de toutes les classes, à quelque climat qu'ils appartiennent; que tout ce qui veut être libre et reconquérir ses droits se fédère dans le but commun d'écraser les éternels ennemis de l'humanité. » M. Lee porta ensuite un toast à l'heureuse issue du procès de M. Jordon. »

« Après avoir fait l'éloge de la composition du banquet, il ajoute que des réunions fraternelles de cette sorte lui paraissent tendre bien plus efficacement à la destruction des préjugés que tous les volumes de lois. Tout ce qu'il y a d'aristocrates blancs à la Jamaïque conçut une vive colère de la conduite et du banquet de M. Beaumont; on en vit même quelques-uns assister au banquet dans le but honteux d'y jouer le rôle d'espion ou d'agent provocateur; mais leurs tentatives furent vaines, l'ordre le plus parfait ne cessa de régner pendant toute la durée du festin. »

« L'aristocratie bourgeoise des Antilles regarde comme un criminel, comme une espèce de monstre, le blanc qui fait asseoir à table un noir ou un mulâtre, lui tend la main, en un mot le traite sur le pied de l'égalité. Mais ce que cette aristocratie ne veut pas comprendre, et dont il faudra bien qu'avant peu elle convienne bon gré malgré, c'est que les noirs et les mulâtres libres ne le cèdent en rien aux blancs du côté de l'instruction et de la civilisation, et qu'ils sont au moins à leur hauteur du côté des sentimens sociaux et de l'amour de la patrie. »

des Amis du Peuple, ses principes, ses sympathies sont ensuite défendus par lui avec talent et conscience. Il narre ce qu'elle a fait depuis sa fondation, sa lutte infatigable contre les persécutions incessantes du pouvoir, la franchise politique et la pureté bien reconnue de ses principaux membres. On lui demande, dit l'avocat, les titres de son existence légale? mais je demanderai, moi, où est cette loi sur les associations que le gouvernement nous avait promise alors qu'encore il n'affichait pas ouvertement son système contre-révolutionnaire ; et puisqu'enfin cette promesse a eu depuis vingt mois le sort de tant d'autres, je dirai que pour être, pour fonctionner, la Société des Amis du Peuple n'a nullement besoin de ce baptême du Code : les embarras toujours croissans qu'elle donne au pouvoir sont pour elle un bien meilleur certificat de vie.

Cela fait, Me Bethmont saisit corps à corps et réfute victorieusement tous les sophismes de l'avocat général sur le délit de publication. Il n'a pas assez de paroles pour flétrir ce système servile, en vertu duquel le ministère public s'est efforcé de tirer de la conduite la plus loyale et la plus digne d'éloges, des élémens de condamnation contre le principal accusé. Puis, s'appuyant de la déposition des témoins, il démontre que la publication et la distribution n'ont pu être individuellement du fait d'aucun des prévenus ; bien plus, que ni l'une ni l'autre n'a eu lieu, matériellement parlant, à cause du système d'espionnage adopté par le pouvoir contre la Société des Amis du Peuple, et de l'habitude inqualifiable où était la police de saisir toutes les brochures, avant même qu'il y eut commencement de publicité réelle.

Abordant l'article incriminé en lui-même, Me Bethmont établit un principe d'un grand poids dans les imputations, si souvent réitérées, *d'excitation à la haine et au mépris du gouvernement*. Lorsque, dit-il, des écrivains se mettent à raconter les turpitudes d'un gouvernement, ce ne sont pas eux, simples historiens, mais bien le gouvernement, auteur de ces actes honteux, qui provoque la haine et le mépris dont il devient l'objet. Partant de cette considération, Me Bethmont passe en revue la conduite du cabinet du Palais-Royal à l'égard des peuples qui avaient le plus sympathisé avec notre révolution, et principalement à l'égard de la Pologne. Il lit quelques passages des principaux discours de l'opposition dans la discussion parlementaire de la chambre au sujet du meurtre de Varsovie, et plusieurs pièces, citées par les journaux de l'époque, desquelles il ressort que les promesses fallacieuses du gouvernement de France aux patriotes polonais, n'avaient été qu'une embûche ourdie dans les cabinets de la Sainte-Alliance.

Le défenseur trouve un texte bien propre à réveiller l'indignation de son auditoire dans cette parole, trop tôt et trop cruellement réalisée, d'un ministre français, qui d'avance avait condamné à l'extermination le plus généreux de tous les peuples. Tout, jusqu'à la manière dont le pouvoir annonça la vérification de cette prophétie, paraît à l'orateur un signe évident de culpabilité. La revue de la garde nationale, du 29 juillet, où la sympathie populaire fut officiellement leurrée d'un faux espoir ; les chants patriotiques et les acclamations significatives des légions citoyennes ; l'aspect de bonheur et de triomphe que présenta la capitale lorsqu'elle put croire le colosse russe écrasé à jamais par le génie de liberté, malgré le mauvais vouloir de la diplomatie ; plus tard, la stupeur et l'indignation des masses lorsque l'affreuse vérité perça le dédale des communications du gouvernement ; l'émeute, grondant avec menace, et la générosité française réclamant à grands cris la punition d'un ministère coupable, offrent au talent du défenseur des tableaux chaleureux, des épisodes pleins de vie. Sa parole, grandissant avec le sujet, accable ou entraîne tour-à-tour, élève ou flétrit, accuse ou persuade. Au milieu de ces circonstances solennelles, au milieu de ces grandes commotions démocratiques, à l'aspect de tant de douleurs, en face de tant de voix qui répétaient TRAHISON, VENGEANCE! était-il possible, s'écrie le défenseur, que sous la plume des accusés l'article incriminé fut autre chose que ce qu'il a été? Non! vouloir leur imposer de timides plaintes ou de tièdes récriminations, c'eût été les supposer sans cœur, sans entrailles, sans vie ; c'eût été supposer que les doctrines républicaines qu'ils professent glacent toute ardeur généreuse, éteignent tout sentiment d'humanité.

La péroraison de M⁵ Bethmont, tirée de la situation actuelle du peuple polonais, est un morceau plein d'éloquence et de véritable pathétique. Le noble attendrissement, qui se peint dans tous les yeux, atteste le triomphe de l'orateur.

RÉSUMÉ DES DEBATS PAR M. LE PRESIDENT AGIER.

M. Partarrieu-Lafosse, renonçant à la réplique, M. le président Agier paraît vouloir le remplacer sur la brèche ministérielle, et remplir ainsi un double but dans son résumé des débats. Après avoir renforcé de sa propre logique les argumens de l'avocat général sur le fait de publication et sur le fond de l'accusation, il annonce qu'il s'abstiendra de reproduire les moyens de la défense, *pour épargner*, dit-il, *la pudeur du jury et par respect pour la cour* ; il qualifie de prédictions vaines, les probabilités énoncées par le prévenu Gaussuron-Desprèaux, en faveur de la prochaine venue du gouvernement républicain. Il engage les citoyens qui l'écoutent à ne pas se laisser séduire par des doctrines, pleines de charme et d'attrait au premier abord, empreintes, en apparence, d'un haut caractère de justice et de philanthropie, mais au fond desquelles, prétend M. Agier, on ne trouve que désastres et qu'anarchie. Après avoir emphatiquement articulé le grand mot, offert depuis deux ans comme épouvantail aux ignorans et aux hommes faibles, M. le président poursuit, et, avec un ton imperturbable, affirme que, mieux instruit depuis quarante ans, le peuple ne se laissera plus prendre aux prédications de démocratie ; qu'il connaît aujourd'hui où sont ses amis et ses ennemis (*une voix dans l'auditoire* : C'est bien vrai, il les connaît!) Il déplore que le défenseur des prévenus soit sorti des bornes prescrites en traînant dans la boue le gouvernement issu de juillet. Il prétend que le pouvoir a fait en toute circonstance, non seulement ce qu'il pouvait, mais ce qu'il devait faire (violens murmures). Nous devons surtout, continue M. Agier, lui rendre cette justice, en présence de la tombe d'un premier ministre qui se consacra tout entier à la défense d'un système par lequel la France a été sauvée de la fureur des partis. (*Une voix* : il y paraît!)

Ici, jaloux de déposer aussi sa couronne d'immortelles sur le cénotaphe de M. Périer, M. le président se met en devoir de prononcer, dans les formes, le panégyrique le plus complet de l'homme du 13 mars. Au bout de quelques phrases, arrêté par une violente explosion de murmures et de houras, il s'écrie avec une force de poumons propre à dominer l'orage : *soldats! sergens de ville, qu'on fasse sortir les interrupteurs*; *Soldats! qu'on les arrête...!* Oui, reprend M. Agier, avec véhémence et frappant de sa main sur son bureau, nulle puissance, nul signe de désapprobation, nulle menace ne nous empêchera de dire que le GRAND CITOYEN QUE NOUS REGRETTONS TOUS, SUR LA MORT DU QUEL NOUS VERSONS TOUS DES LARMES (murmures), fut le plus ferme soutien de la royauté. (*Une voix* : à la bonne heure!) Que la patrie a perdu en lui,... (Les rires et les murmures empêchent d'entendre le reste); que tout mandataire, tout pouvoir qui s'écartera de la ligne qu'il a tracée doit nécessairement entraîner l'anéantissement de l'ordre public et de la sécurité nationale. (*Une voix* : C'est assez, au procès, à la question) !

M. Agier, plusieurs fois interrompu par des signes de désapprobation de tous genres, abrège considérablement une improvisation qu'à notre tour, PAR RESPECT POUR CEUX QUI NOUS LIRONT, et pour ÉPARGNER LEUR PUDEUR, nous nous abstiendrons de reproduire.

Les questions proposées au jury renferment, pour chacun des accusés, deux chefs de délit, d'*excitation à la haine et au mépris du gouvernement*, résultant de la culpabilité de l'écrit incriminé en lui même et de la culpabilité des prévenus sur le fait de publication et de distribution. Au bout de vingt minutes de délibération, le jury répond négativement sur tous les points.

N. B. Les éditeurs de cette brochure regrettent de ne pouvoir se conformer à l'usage établi pour les procès politiques en faisant connaître les noms des 12 jurés qui ont rendu ce verdict d'acquittement. La liste de ces citoyens se trouvait le 6 juin, avec des extraits de journaux relatifs au procès, dans les ateliers de M. Mie, imprimeur de la *Tribune*, lorsque la police vint y opérer une descente ; plusieurs papiers ont été égarés dans cette confusion, et tenus au secret, ainsi que les prévenus, pendant toute la durée de l'état de siége, d'abord à la préfecture de police, puis à la Force, puis enfin à Sainte-Pélagie où ils sont encore ; les éditeurs n'ont pu pourvoir au remplacement de cette pièce. C'est à ce même motif qu'ils doivent de n'avoir pu reproduire qu'un aperçu de la belle improvisation de Me Bethmont, que les journaux n'avaient point recueillie.

Paris. — AUGUSTE MIE, Imprimeur, rue Joquelet, n. 9.

www.ingramcontent.com/pod-product-compliance
Lightning Source LLC
Chambersburg PA
CBHW060910050426
42453CB00010B/1643